DELPHINE DURAND

ma maison

MA MAISON N'A L'AIR DE RIEN

MA MAISON NE PAIE PAS DE MINE

elle a vraiment l'air de rien
ENTREZ

CHOCOLAT AU LAIT
UN MOU
LE TOUT-PETIT
salut
FORGÉS DORÉS
5 HAMEÇONS TORTUE
QUALITÉ SUPER ACIÉRA
PRODUITS TORTUE PARIS
C'EST UN PEU
HA HA HA
JOHNNY-LA-TERREUR
C'EST MOI
et partout où je passe
je sème l'effroi !
BOF
Pour bas de lignes et corps de lignes
LA SOIE
155, Rue Saint-D
cuisine
ANTIGEL
NE PAS VIDA

PLOUT
FAIT DU BATEAU
la grandeur scalaire est une grandeur qui n'a pas de direction comme par exemple la température ou la vitesse moyenne tandis que la grandeur vectorielle blabla bla blabla bla...
XO4
LEGRAND
APPAREILLAGE ÉLECTRIQUE D'INSTALLATIONS
54326
EX 5454
. de C. Coiffe Bak. 3 Pp + T 15 A.
E-NYLON
TRES
Pour 22/100e de m/m
Résistance 1 k. 800
ital 286.650,000 fr.
— PARIS - 2e
REF 051
mais où est mon CHAT ?
SOLDES
Pfff... n'importe QUOI !
TISSUS PROMO
COMME UN PLACARD

HOP
HOP
HOP
HOP
HOP
HOP
BOSCH
GERMANY
GOUNICHE
FAIT DU VÉLO
eh oui
POUET
POUET
moustafa
Tiens ! où est passée ma chaussure ?
OÙ IL Y A TOUT UN TAS D'HISTOIRES
CONTRÔLE
23
C'est toi Antonin le boudin ?
B
NON ! Moi c'est Bérénice la saucisse
les aventures de : BOB et JOE
ON OFF VOL

C'est à toi ça ?
maillots de bain
MOI JE SUIS PETIT BÊTE ET MOCHE ET PERSONNE NE M'AIME
CARTE de PISCINE
VALABLE
POUR UN BAIN
tralala
super
BON C'EST LA DERNIÈRE FOIS !
à la une à la deux ...
mémé CLOPINETTE
le bain de madame Poisson
Nº 003779
PISCINE

et puis plein
de **trucs**
de **bidules**

et de **machins**

des machins choses
des machins chouettes
des bidules-trucs-muches

animaux
00521
BUREAU des CHAUSSURES TROUVÉES
et celle-là ?
NON
c'est pas celle-là non plus !
04
BIG monster

Les habitants sont : TRÈS
PLOUT
Olémin
molo molo
JOHNNY-LA-TERREUR
DOUG l'Indien
Voici Mégamoche et Maxilaide
TAXI
BOB et JOE
TUT
TUT
VA CHEZ LE COIFFEUR PLUTÔT
ÇA C'EST RATAPOIL
GLOUB

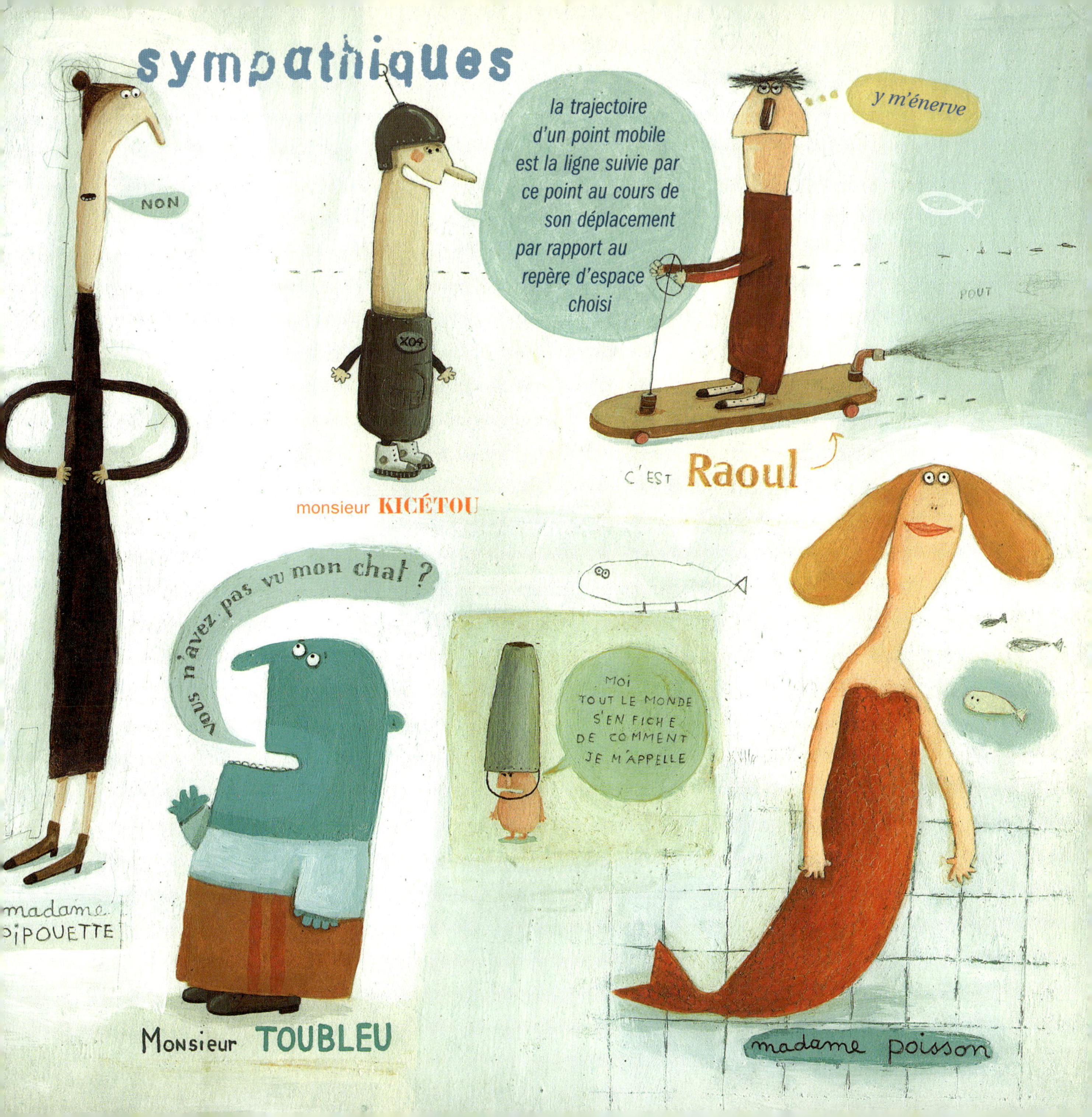
sympathiques
NON
madame
?IPOUETTE
la trajectoire d'un point mobile est la ligne suivie par ce point au cours de son déplacement par rapport au repère d'espace choisi
XO4
monsieur KICÉTOU
y m'énerve
POUT
C'EST Raoul
vous n'avez pas vu mon chat ?
Monsieur TOUBLEU
MOI TOUT LE MONDE S'EN FICHE DE COMMENT JE M'APPELLE
madame poisson

NINOU
MÉMÉ Clopinette fait du vélo
SANS LES MAINS
PFF... N'IMPORTE QUOI !
POUPOUNETTE
TOBBIE
ÇA C'EST BOULKIPU
THREE STARS
JÖNKÖPING, SWEDEN
SAFETY MATCHES
PONPON , GRELUCHE et BIGOUDAINE

Les Ju-meaux
Patrick et Jean-Marc
BOULKIPU
QUI PUE HAHA HA
vous n'auriez pas vu ma chaussure ?
NON
MOUSTAFA
la fée Monique
VOILÀ UN MONSIEUR TRÈS TRÈS LONG
TRÈS TRÈS TRÈS LONG
GRAND
SOLDES
GOUNICHE
BÉRÉNICE LA SAUCISSE
ANTONIN LE BOUDIN
SIMON LE SAUCISSON
MAIS OÙ EST LA CHAUSSURE DE MOUSTAFA ?
et moi je suis mignon
BOF

il y en a des tout petits :

et d'autres par contre ...

JE SAIS PAS. QUOI FAIRE...
T'AS QU'À PEIGNER LA GIRAFE!
Ah oui...
B
1 mou
mou
Bobby Pins
HAND PAINTED HAIR PINS
MÉGAMOCHE ET MAXILAIDE
sont allées chez le coiffeur
elles sont devenues :
mégajolie et maxibelle
PAS MOI
RATAPOIL
02
mouais
BONALO
BONA
shampoing VOLUMATEUR
BOF
POISSONS CHOCOLAT
GLOUB
PIT

PATRICK ET JEAN-MARC ONT DES OCCUPATIONS VRAIMENT DÉBILES
BLOUB
BLOUB
BLOUB
BLOUB
SUPER MANE
UN TAPIS SOUS VOS PIEDS
WOOD-MILNE
PNEUMATIQUES DU PIÉTON
4 TOURS 73
JOHNNY-LA-TERREUR A DES GRANDS PIEDS
TU VAS AU SKI ?
HA HA TRÈS DRÔLE !
HA HA
PLOUT
FLOUTCHROUMOULOUGROUTCH CLOUTCH LOURCH BLOUTCH CHAUSSURES NEUVES
ET VOILÀ !
ELLES SONT GRANDES
SUPER !
QUOI ? ELLES SONT TRÈS BIEN !

dans ma maison

Il y a aussi des animaux BIZARRES

BIZARRES
BIZARRES
chien long
POISSONS
?
Et des pas BIZARRES du tout
MAIS SI JE SUIS QUAND MÊME BIZARRE MOI
FLAP FLAP
ARRES
OISEAU avec pantalon
GROUF
NIOUF
GRR
GRRR
OISEAU POILU

En revenant de St-Martin
j'ai rencontré trois p'tits lapins :
un qui pue
un qui pète
un qui joue de la clarinette
PFF... N'IMPORTE QUOI !
èho ! C'EST MOI QUI DIT ÇA NORMALEMENT
BON TU ME LÂCHES
QU'EST-C QUE C'EST BIEN DE FAIRE DU CHIEN
PFFIOUT
COIN COIN
TUT
TUT
VÉHICULE PRIORITAIRE
GRANDE BEBÊTE

PIOU
PIOUT
PIOUTE
FLAP
FLAP
BZZZ
SURTOUT DES GROSSES MOUCHES VILAINES
BZZZ
GOUNICHE A PEUR DES MOUCHES
Ah oui c'est mou !
UN MOU
B
NON POURQUOI ?
C'EST TOI QU'AS MANGÉ MON CHAT ?
GROSSE BÉBÊTE

mais les animaux
les plus bizarres :
CE SONT
LES MOUS
EXPLICATIONS À PROPOS DES MOUS
un mou no
mou rond
LES MOUS n'ont pas une forme bien définie
LES MOUS SONT MOUS
EH OUI
LES MOUS ont des TROUS DE NEZ
qui leur donnent un air niais
LES MOUS SONT NIAIS de toute façon
QUOI ?
LES MOUS n'ont pas de POILS (en général)
LES MOUS ont des pieds RIDICULES
mais non !
UN MOU ressemble toujours
plus ou moins à un autre MOU
PETIT MOU
SUPER MOU
PROTÈGE LES MO
SUPER MOU
1
MOU AUX LÉGUMES
miam
miam
TAP
TAP
SUPER MOU
UN MOU
2
PAF
SUPER MOU
SUPER MOU
CASSE LA FIGURE
AUX MÉCHANTS
MOU CONTENT
QUAND UN MOU
EST CONTENT :
IL APPLAUDIT

QUELQUES MOUS RARES :
le mou long
mou poilu
mou à culotte
le mou à longues pattes
le mou à queue (TRÈS RARE)
BONNET DE LAPIN
LA FEMELLE DU MOU EST LA MOUTE
BÉBÉ MOU
VIEUX MOU
CULOTTE DE MOU
PYJAMA DE MOU
CHAUSSETTES DE MOU
EXEMPLE
MOU COUCHÉ
MOU ASSIS
TROUPEAU DE MOUS
contemplant le coucher du soleil
PFFF... N'IMPORTE QUOI !

il se passe toujours
PLEIN DE CHOSES PASSIONNANTES
Ah ça?
Et ça alors ?
CROTTES DE MOU
14
miam du mou
Bérénice la saucisse, Antonin le boudin et Simon le saucisson ont invité Thérèse la merguez à regarder la télé
4 TOURS 73
1
2
3
4
5
6
REGARDEZ JE SUIS LE DOMPTEUR DE MOU !
UGH
TAP TAP
JOHNNY-LA-TERREUR C'EST MOI et partout où je passe je sème l'effroi
DOUG l'Indien a invité son cousin Hugues

OLALA
ANTONIN LE BOUDIN A UN CHAPEAU
MAIS IL N'A PAS DE MENTON
ALORS IL L'ATTACHE SOUS SON VENTRE
BOUDIN
eh oui
Qu'est-ce que c'est que cette saucisse à capuche ?
2
ÇA ALORS !
QU'EST-CE QUE C'EST RIGOLO
BOB
JOE
GOUNICHE EST RIGOLO
GOUNICHE FAIT UN PEU N'IMPORTE QUOI
LÂCHE-MOI !
16
PLOUT
4
FINALEMENT RATAPOIL A DÉCIDÉ D'ALLER CHEZ LE COIFFEUR
A NOUS FAIT NE BELLE AMBE

EN EXCLUSIVITÉ
Une aventure de
BOB et JOE
BOB
JOE
EH JOE ! REGARDE CETTE SUPER GRIMACE
HA HA HA
ON DIRAIT UN CHEVAL
REGARDE CELLE-LÀ BOB !
HA HA HA
T'AS VU CELLE-LÀ !
HA HA HA
À MOI REGARDE !
HA HA HA
ET CELLE-LÀ ! ET CELLE-LÀ !
HA HA HA
REGARDE CELLE-LÀ !
HA HA HA
ET CELLE-LÀ !
HA HA HA
ET CELLE-LÀ
hum

ÇA ALORS !
QU'EST-CE QUE C'EST RIGOLO !
VOL
1 2 3 4 5 6
OFF ON
les aventures de
BOB et JOE
HA HA HA
les saucisses
POP CORN

et dans ma maison
il y a même :
UN CAILLOU QUI VIENT D'UNE AUTRE GALAXIE
ET QUI PARLE !
SALUT JE SUIS LOULOU LE CAILLOU
UNE PORTE INTERDIMENSIONNELLE
POUR ALLER DANS LES MONDES PARALLÈLES
OFF
ON
modéle 28-KsXoo9
PFFF...
VLOUF !
STOP
GO
VRRR..
2610
CHLOUK
CHLOUK
BIP
BIP
XFD 8
UNE MACHINE À VOYAGER DANS LE TEMPS
mais oui c'est ça ! un caillou qui parle ! Et moi je suis la fleur qui parle pendant qu'on y est !
ON N'ARRÊTE PAS LE PROGRÈS !!!
NON ALORS LÀ ÇA DEVIENT VRAIMENT N'IMPORTE QUOI !

ET MÊME UNE PIÈCE OÙ IL N'Y A RIEN DU TOUT

Monsieur KICETOU
LAMPE
CLIC
TABLEAU DE COMMANDE GÉNÉRAL
ON
OFF
1225
2000
BLOC-NOTE
BLA BLABLA BLABLA
ANTENNE
TÉLÉ
VOL
ON
CALCULATRICE INTÉGRÉE
TAILLE-CRAYON (4 tailles)
INSÉRER LE CRAYON ET APPUYER ici
C1 C2 C3 C4
TAILLE-CRAYON
DÉVIDOIR AUTOMATIQUE À ÉPLUCHURES DE CRAYON
aspicool
RÉCEPTACLE
ROULETTES
ASPIRATEUR
et voici ma nouvelle invention :
LE TAILLE-CRAYON multifonctions !
X04
CHEZ GOUNICHE
Aujourd'hui c'est l'anniversair
de GOUNICHE
B
ET ÇA FAIT AUSSI MAGNÉTOSCOPE ?
855-A
BOX BONUS POINT 953
BOX BONUS POINT 953
08 102
CRR
CRR

BON D'ACCORD ça va ...
tu peux sortir
SUPER SHOW
LA SUPER CHORÉGRAPHIE DE PATRICK ET JEAN-MARC
D.D
BORDLASTIC Fabrication française
BON POINT
PARIS
Rh
Chaud
BONUS 1 POINT
Un retour réussi.
Lavage machine
Chlore
Repassage inutile
Essence minérale (White-spirit)
Rhovylon Fibres Rhône-Poulenc
BON-POINT
TUT TUT
HA HA
DE CONDUITE
TAXI
CARTE NON REMBOURSABLE
VROUM
JE SUIS MOCHE ET PERSONNE NE M'AIME !
C'EST PARCE QUE TON CHAPEAU EST RIDICULE
TU CROIS ?
REMETS-LE C'EST PIRE

ET AUSSI
on peut acheter
un tas de choses
intéressantes
dans ma maison

RAOUL : IDÉES À 2F50
marchand d'IDÉES
FLAP
FLAP
TAXI
BOB et JOE
POUT
VIEUX TRUCS NULS QUI NE SERVENT PLUS À RIEN 10F
moi de toute façon ce que je vends, tout le monde s'en fiche pas mal
MARCHAND DE TISSUS
100% COTON
TERGAL
FIBRE POLYESTER MELANGEE
IRRETREX
IRRETRECISSABLE
P. de C. Coiffe Bak. 3 F
5432
EX 5454
LEGRA
BORDIASTIC
Fabrication Française
D.D
solide
hygenique
élégant
est fabriqué
en
PUR
COTON
PEIGNE
IMPORTÉ
COTON
PROMO-TIONS
IMINACRE

MADAME POISSON
A LE CHOIX :
ELLE PEUT METTRE
SOIT DEUX PETITES
CHAUSSURES
SOIT UNE GRANDE
C'est ça qui est bien
4
BON-POINT
1
un trou noir est une région de l'espace dotée d'un champ gravitationnel si intense qu'aucun rayonnement n'en peut sortir : les trous noirs représenteraient l'ultime stade d'évolution des étoiles massives et pourraient être à l'origine de la fantastique énergie rayonnée par les quazards.
TU VIENS?
M. KICÉTOU EST QUAND MÊME UN PEU ÉNERVANT À FORCE
BOX
BONUS
POINT
953
BOX
BONUS
POINT
953
SUPERIOR QUALITY
OUI mais
MOI, mon c
EST MIE
que le sien

MA MAISON
parfois
ON S'Y PERD
UN PEU
2
ÇA Y EST RATAPOIL EST BIEN COIFFÉ
VA RANGER TA CHAMBRE
cui
cui cui cui cui cui cui cui cui cui cui
GOUNICHE AIME LES OISEAUX
OISEAUX
et NOUS alors ?
On fait quoi NOUS ?
JE SAIS PLUS OÙ ELLE EST
YOUPI

05
monstre HIRSUTE
162
MONSTRE GLUANT
ATTENTION
voici la chambre
des
monstres
petit monstre teigneux
38
monstre QUI SEN
MAUVA
SOUS
BRA
LÀ AUSSI
LÀ AUSSI
LÀ
AUSS
8
ET SURTOUT DES PIEDS
16
?
monstre BIZARRE
GRRR
123
GROS MONSTRE POIL
MONSTRE
BÊTE ET MÉCHANT
(et à moustache)
24
7
MONSTRE DE LA FAMILLE DES MOUS
MONSTRE INVISIBLE :
HA
HA
HA
Salut
JE PARLE PAS AVEC LES SAUCISSONS

MONSTRES :
VILAINS
ATROCES
TEIGNEUX
FÉROCES
HARGNEUX
IMMONDES
IGNOBLES
INFÂMES
dégoûtants
AFFREUX
TRÈS MALÉFIQUES
LAIDS
MÉCHANTS
SALES
STUPIDES
BÊTES
PAS GENTILS du tout
49
BZZ
BZZ
monstre VOLANT
2
mini monstre
93
JE SUIS PAS UN MONSTRE ! JE SUIS LE GROS OGRE IGNOBLE
HOU LE VILAIN MONSTRE
QU'IL EST VILAIN CE MONSTRE
monstre SACHANT CHANTER
LA
LA
LA
119
petit monstre mignon
5004
RENDS-MOI CETTE CHAUSSURE !
Monstre DÉBILE 34
MONSTRE déguisé en CHAT
GRR
12
GRR
COMME D'HABITUDE MOI JE SERS À RIEN DU TOUT !

infini
27.4
tous les rêves dont on ne se souvient pas
291
et puis il y a un endroit un peu spécial où l'on a rangé tout ce que l'on ne sait pas trop où mettre pour l'instant.
antimatière
82
HOE DUBBING
CRÈME DAUPHIN
IMPERMÉABLE
LE SEUL
QUI NE BRÛLE PAS
comment ça "qu'on ne sait pas trop où mettre" ?
MERCI ! C'EST AGRÉABLE !
QUI M'A MIS LÀ ?
21
54
le vide
idées qu'on n'a pas encore eues
391
idées qu'on a et qui s'en vont tout de suite

PCHIIIT
UN EXTRATERRESTRE
NE PAS OUVRIR
29
5
193
CHOSES QUI N'EXISTENT PAS
BATON STUDENCKI
22 Lipca
125
Nº 6010
15
TIROIR POUR SE CACHER DEDANS
08
TOP SECRET
510
ICI RIEN DU TOUT
CHOSES QUI EXISTENT PEUT-ÊTRE mais on n'en est pas sûr
61
C'EST MA CHAUSSURE!
ET VOILÀ
CHAUSSURE QUI N'EST À PERSONNE
61 528

À TOI DE DESSINER !
Mais la pièce la mieux :
C'est celle où on fait ce qu'on veut !
YOUPI ! ON PEUT DESSINER SUR LE LIVRE
DONNE-MOI LA CLÉ DU TIROIR OÙ TU AS MIS MA CHAUSSURE !
1
MOUSTAFA va-t-il réussir à récupérer SA CHAUSSURE ?
SUSPENS !
2
→Dessine LA SUITE !
3
RATAPOIL va-t-il rester bien coiffé ?
DESSINE-LE ici
JE ME SENS RIDICULE !
comment est le monstre déguisé en chat lorsqu'il n'est pas déguisé en CHAT ?
OH merci les amis !
BON ANNIVERSAIRE !!!
TIENS ! C'EST POUR TOI !
B
QU'A EU GOUNICHE POUR SON ANNIVERSAIRE ?

je suis tout seul
ESSINE ICI LES ANIMAUX QUE TU AS PRÉFÉRÉS dans l'histoire
allez HUE !
j'en ai marre
1
Comment va faire le chien pour se débarrasser de PLOUT ?
2
DESSINE la suite !
3
ENCORE UN AUTRE MOU
1 mou
DESSINE CE QU'IL Y A DANS LA CHAMBRE
ah! j'ai retrouvé ma chambre !
FLAP
FLAP

ELLE EST BIZARRE CETTE MAISON !
madame Pipouette
LE CHAT de M. TOUBLEU
C'EST MÊME PAS UNE VRAIE MAISON D'ABORD !
POUPOUNETTE
DOUG L'INDIEN
BOULKIPU
BIGOUDAINE
PFF... N'IMPORTE QUOI !
PIT
UN MOU
mémé CLOPINETTE
NINOU
UN MONSTRE
BOB
JOE
OUI MAIS QU'EST-CE QUE C'EST RIGOLO !
BOF
MOI, DE TOUTE FAÇON CE QUE J'EN PENSE...
C'EST OÙ LA SORTIE ?
JOHNNY-LA-TERREUR
HA
HA
HA
HA
BÉRÉNICE LA SAUCISSE
ANTONIN LE BOUDIN
SIMON LE SAUCISSON
THÉRÈSE LA MERGUEZ
le long long monsieur
LE PAS-CONTENT DU TOUT
HEUREUSEMENT QU'ON N'EST PAS DANS UNE VOITURE ! ON AURAIT ÉTÉ ENCORE PLUS SERRÉS !
GOUNICHE
TOBBIE
SUPER MOU
LA FÉE monique
ET MA CHAUSSURE ALORS ?
MOUSTAFA
UN LAPIN
BZZZ
LA GROSSE MOUCHE VILAINE
RAOUL
OUI MAIS ON AURAIT VU DU PAYS AU MOINS
PONPON
GRELUCHE
SI ON ALLAIT FAIRE UN TOUR DEHORS !
PLOUT
mégamoche
Mme POISSON
PATRICK ET JEAN-MARC
maxilaide
M.-KICÉTOU
RATAPOIL
M. TOUBLEU